Elene - Eldiablito - Valette - Passaglia - Guedj

VIE DE MERDE

en couple

Merci à François pour son regard affuté (voir tranchant...).
Merci à Estelle et Annabelle avec qui j'ai apprécié faire équipe.

Elene

Scénario : Eldiablito
Dessin et couleurs : Elene

Ouvrage publié sous la direction de
Maxime Valette, Guillaume Passaglia, Didier Guedj.

ISBN : 978-2-874-42961-3
N° d'édition : L.10EBBN001603.N001

© 2012 Jungle / Michel Lafon

Tous droits réservés pour tous pays.
Il est strictement interdit, sauf accord préalable et écrit de l'éditeur, de reproduire (notamment par photocopie ou par numérisation) partiellement ou totalement le présent ouvrage, de le stocker dans une banque de données ou de le communiquer au public, sous quelque forme et de quelque manière que ce soit.

Première édition - Février 2012

Imprimé et relié en France par PPO Graphic. Dépôt légal : février 2012 ; D.2012/0053/150

Aujourd'hui, on m'a fait passer un message...

Aujourd'hui, elle va m'adorer!

Aujourd'hui, j'ai un peu d'avance...

Aujourd'hui, j'ai acquis la certitude que les filles ne naissaient pas dans les roses...

— Chériii... Tu dors?
— Non, pas du tout. Mais j'aime bien ce ton coquin! Hé hé hé...

— Hi hi hiii...
— Je me demande bien ce qu'elle...
PROUUT!!

OUH LALAAA!! la laaaaa...
ZZZz

VDM

Aujourd'hui, ma rivale vit sous mon toit...

VIE DE MERDE
la collection

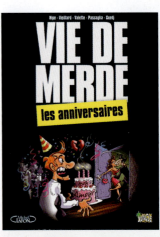 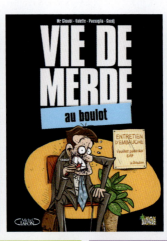 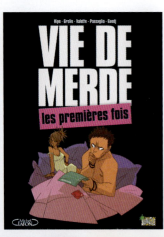

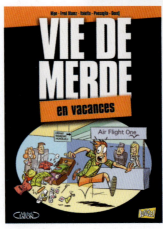 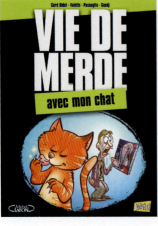 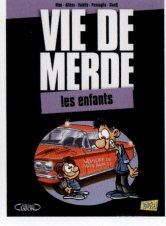 

www.editionsjungle.com  www.michel-lafon.com